Dieses Buch gehört:

Paul Maar ist einer der beliebtesten und erfolgreichsten deutschen Kinder- und Jugendbuchautoren. Er wurde 1937 in Schweinfurt geboren, studierte Malerei und Kunstgeschichte und war einige Jahre als Lehrer und Kunsterzieher an einem Gymnasium tätig, bevor er den Sprung wagte, sich als freier Autor und Illustrator ganz auf seine künstlerische Arbeit zu konzentrieren. Sein Werk wurde mit zahlreichen bedeutenden Auszeichnungen gewürdigt, u. a. mit dem Deutschen Jugendliteraturpreis.

Paul Maar

Das Sams darf sich was wünschen

Verlag Friedrich Oetinger · Hamburg

Inhalt

Herr Taschenbier wohnte
seit Samstag nicht mehr allein.
Am Samstag kam das Sams zu ihm.

Er hatte das seltsame Wesen
auf der Straße gefunden.
Es war klein wie ein Kind,
hatte feuerrote Haare,
eine Nase wie eine Steckdose
und viele blaue Punkte im Gesicht.

Herr Taschenbier wusste sofort,
dass dies nur ein Sams sein konnte.
Denn er hatte vorher
eine merkwürdige Woche erlebt:

Am **Sonntag**
schien die **Sonne**.

Am **Montag**
bekam er Besuch
von seinem Freund,
Herrn **Mon**.

Am **Dienstag**
hatte er **Dienst**.

Am **Mittwoch**
war **Mitte** der Woche.

Am **Donnerstag**
hatte es **gedonnert**.

Und am **Freitag**
bekam er **frei**.

Deshalb konnte das Wesen,
das am **Samstag** auf der Straße saß,
nur ein **Sams** sein.

Weil Herr Taschenbier
das Sams erkannt hatte,
sagte es „Papa" zu ihm
und zog bei ihm ein.

Die blauen Punkte
im Gesicht vom Sams
waren keine Sommersprossen,
sondern lauter Wunschpunkte.

Für jeden blauen Punkt
hatte Herr Taschenbier
einen Wunsch frei.

1. Keine Wünsche mehr?

Am Nachmittag saßen
Herr Taschenbier und das Sams
in ihrem Zimmer.

Herr Taschenbier saß vor
einer dampfenden Tasse Kaffee.
„Ich wünsche mir ein großes Stück
Schokoladen-Torte", sagte er.

Nichts passierte.

„Warum geht denn mein Wunsch
nicht in Erfüllung?",
fragte Herr Taschenbier.

„Weil du alle Wunschpunkte
weggewünscht hast!",
sagte das Sams kichernd.

„Du meinst, ich kann mir
nie wieder etwas wünschen?"
Herr Taschenbier machte
ein entsetztes Gesicht.

„Vielleicht gibt es eine Möglichkeit."
Das Sams begann zu flüstern
und schaute sich vorsichtig um.
„Aber du darfst es
niemandem verraten."

Herr Taschenbier lauschte gespannt.
Das Sams beugte sich ganz nah
zu Herrn Taschenbier hinüber
und flüsterte:

„Wenn der Freitag
dem Samstag weicht,
ist die richtige Punktzeit erreicht.
Sei um Mitternacht noch wach,
steig hoch hinauf auf das Dach.

Glänzt der Mond voll
wie ein Kreis,
erklinge das Wort,
das sonst keiner weiß!
Das Wort ist der Tag,
an dem das Wesen
zum ersten Mal kam.
Aber rückwärts gelesen.

Ja, genauso ist es.
Hast du alles verstanden, Papa?"

„Mal sehen …
Wir müssen an einem Freitag
bei Vollmond um Mitternacht
auf das Dach klettern.
Um Punkt zwölf Uhr sprichst du
oben das Wort ‚Samstag‘ aus.
Nur rückwärts gelesen.“

„Genau! ‚Gatsmas‘ ist das Wort!“,
sagte das Sams.

„Aber ich bin nicht schwindelfrei“,
sagte Herr Taschenbier.
„Kannst du nicht allein
die Wunschpunkte holen?“

Das Sams schüttelte den Kopf.
„Das geht leider nicht.
Es müssen immer zwei sein.
Einer bekommt die Wunschpunkte,
der andere darf wünschen."

„Na schön", sagte Herr Taschenbier.
„Dann müssen wir nur noch
auf den nächsten Vollmond-Freitag
warten."

Viele Wochen warteten
Herr Taschenbier und das Sams.
Dann war der Tag
endlich gekommen.

2. Der Vollmond-Freitag

Kurz vor Mitternacht saßen
das Sams und Herr Taschenbier
oben auf dem Dach und warteten.

Das Sams saß auf dem Dachfirst
und ließ die Beine baumeln.
Herr Taschenbier saß neben ihm
und klammerte sich ängstlich
am Kamin fest.

Dann begann es schon,
zwölf Uhr zu schlagen.
„Eins, zwei, drei, vier ...",
zählte das Sams
die Schläge der Turmuhr mit.

„Hör auf zu zählen! Sag das Wort!
Sag doch endlich ‚Gatsmas'!",
rief Herr Taschenbier.

In seiner Aufregung vergaß er ganz
seine Angst und rüttelte das Sams an
der Schulter: „Warum sagst du es nicht?
Gatsmas! Hörst du: Gatsmas!"

„Aber Papa, was machst
du denn?", rief das Sams.
„Das darfst du nicht!"

16

Die Turmuhr hatte nun
aufgehört zu schlagen.
Die Mitternacht war vorbei.

„Wir haben den Zeitpunkt verpasst!",
sagte Herr Taschenbier.
Er war völlig verzweifelt.
„Warum hast du denn nicht
‚Gatsmas' gesagt?"

„Weil *du* es doch gesagt hast",
antwortete das Sams und lachte.
„Sogar dreimal.
Und es hat gewirkt,
wie man sieht!"

„Was soll das heißen?",
fragte Herr Taschenbier.

„Ich wünsche mir einen Spiegel",
sagte das Sams.

„Einen Spiegel?",
fragte Herr Taschenbier.

Dann griff er in seine Jackentasche
und holte einen Taschen-Spiegel
heraus.

Das Sams lachte noch heftiger.
Es nahm den Spiegel und
hielt ihn Herrn Taschenbier
vor das Gesicht.

„Aber was ist denn das?", rief er.
„Ich habe ja lauter blaue Punkte
im Gesicht."

„Natürlich, Papa.
Du hast ja auch ,Gatsmas' gerufen",
erklärte ihm das Sams.

„Meine Güte, wie ich aussehe!",
sagte Herr Taschenbier
und fügte hinzu:
„Aber ich habe jetzt Wunschpunkte.
Der Ausflug aufs Dach war also
nicht umsonst."

Kurz dachte er
über seinen ersten Wunsch nach.
Dann sagte er laut und deutlich:
„Ich wünsche, dass wir beide unten
in meinem Zimmer stehen!"

Nichts geschah.

Herr Taschenbier schimpfte:
„Die Punkte funktionieren
ja gar nicht!"

Das Sams lachte.

„Doch, doch, Papa.

Es sind Wunschpunkte

von der allerfeinsten Sorte.

Pass mal auf, Papa:

Ich wünsche, dass wir

in unserem Zimmer stehen!"

SCHWUPS – standen die beiden

in Herrn Taschenbiers Zimmer.

„Ja, aber wieso denn ...?“,
fragte Herr Taschenbier verwirrt.

„Weil du die Punkte hast, Papa.
Immer wenn ich etwas wünsche,
geht es in Erfüllung.
So, das viele Erklären hat mich
jetzt durstig gemacht.
Ich wünsche mir was zu trinken.“

Jemand klopfte an der Zimmertür.
Herr Taschenbier und das Sams
riefen fast gleichzeitig: „Herein!“

3. Schlaf-Tee oder Erdbeermilch?

Frau Rotkohl kam
im Morgenrock ins Zimmer
und hielt
ein großes Glas Tee
in ihrer Hand.

„Ich höre schon die ganze Zeit,
wie Sie und Ihr Sams
allerlei Lärm machen",
sagte sie streng.

„Ihr beiden trinkt jetzt
meinen Schlaf-Tee,
bitte schön!"

Sie stellte das Glas auf
Herrn Taschenbiers Schreibtisch,
sagte „Gute Nacht!"
und verließ das Zimmer.

„Schlaf-Tee, bäh!", sagte das Sams.

„Tja, du musst
eben genauer wünschen",
belehrte Herr Taschenbier das Sams
ein bisschen schadenfroh.

„Dann wünsche ich,
dass im Glas
Erdbeermilch ist", sagte es.

Schnell wechselte die Flüssigkeit
im Glas ihre Farbe in hellrosa.

Herr Taschenbier machte „Iiii!"
und kratzte heftig
an seiner Nasenspitze.

„Hat es wehgetan?",
fragte das Sams besorgt.

„Nein, es juckt.
Warum juckt meine Nase
plötzlich so?",
wunderte sich Herr Taschenbier.

„Gerade ist ein Wunschpunkt
von deiner Nasenspitze
verschwunden",
erklärte ihm das Sams.
„Ganz schön kitzlig, was?"

Es nahm einen Schluck
aus dem Glas.
Dann reckte es sich und gähnte.
„Bin ich vielleicht müde!
Höchste Zeit,
dass wir ins Bett gehen!"

„Ins Bett? Ich habe aber noch
ziemlich viele Fragen",
sagte Herr Taschenbier.
„Ich kann jetzt nicht schlafen …"

„Aber es ist gleich ein Uhr."
Das Sams gähnte noch heftiger.
„Gute Nacht, Papa!"

„Gute Nacht, Sams",
sagte Herr Taschenbier
und grübelte noch
ein bisschen weiter,
bis auch er eingeschlafen war.

4. Ein fast perfektes Frühstück

Am Samstagmorgen
wurde Herr Taschenbier
von einem leichten Jucken
auf der Nasenspitze geweckt.
Er gähnte, setzte sich auf
und schaute sich um.

Am Fußende seines Bettes saß
das Sams und guckte ihn an.

Dann fing es an zu singen:

„Wenn ich früh
im Morgengrauen
meinen müden Augen traue,
gibt es Punkte,
und zwar blaue,
auf dem Papa anzuschauen."

Herr Taschenbier streckte sich.
„Endlich werde ich wieder
am Morgen durch
ein Sams-Singen begrüßt.
Was macht dir denn so gute Laune?"

„Die hab ich mir einfach gewünscht",
sagte das Sams.

„Ach, das war das Kitzeln!"
Herr Taschenbier rieb
über seine Nasenspitze.
„Natürlich, ich habe ja
jetzt Wunschpunkte."

Da sang das Sams schon
die zweite Strophe seines Liedes:

„Diese Punkte, diese kleinen,
das sind Wünsche,
und zwar meine.
Hör gut zu,
gleich wünsch ich einen."

„Warte!", sagte Herr Taschenbier.
„Überleg dir gut,
was du wünschen willst."

Das Sams dachte kurz nach.
Dann rief es: „Ich habe Hunger!
Ich wünsche uns ein Frühstück
mit vier Stück Apfelkuchen,
drei Paar Würstchen mit Senf,
zwei Portionen Pommes frites
mit extra viel Ketchup,
Erdbeereis, und dann vielleicht ..."

Das Sams überlegte noch,
da landete bereits
eine Portion nach der anderen
vor ihnen auf dem Bett.

„Bist du verrückt geworden?",
rief Herr Taschenbier.
„Jetzt sieh mal,
wie die Decke aussieht:
alles voller Ketchup."

„Hör auf zu jammern, Papa.
Ich wünsche,
dass all die Ess-Sachen
in der Luft schweben."

Langsam begannen Kuchen,
Würste und einzelne Pommes
in die Luft zu steigen.

Sogar der Ketchup schwebte
als flache, rote Pfütze
um das Sams herum.

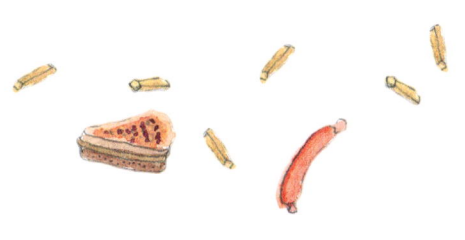

„Hast du schon mal
ein besseres Frühstück gesehen?",
sagte es zufrieden.

Herr Taschenbier war
überhaupt nicht begeistert.
„Diese ungesunden Sachen.
Am Ende bestellst du dir dazu
noch ein paar Hamburger!"

„Du hast wirklich
die besten Ideen, Papa.
Ich wünsche mir,
dass mein Papa mir
ein paar Hamburger besorgt."

Herr Taschenbier sprang sofort auf
und ging zur Tür.
„Ich hole uns welche am Bahnhof, ja?
Auf Wiedersehn."

„Papa, willst du dich nicht
vorher anziehen?", fragte das Sams.

Herr Taschenbier trug
noch immer
seinen breit gestreiften
Schlafanzug.

Eilig zog er
Hemd und Hose an,
steckte seinen
Geldbeutel ein
und lief aus dem Haus.

5. Das Sams wird überlistet

Es dauerte eine ganze Weile,
bis Herr Taschenbier wieder
nach Hause kam.

Verblüfft schaute er
ins Zimmer.

Dort schwebte das Sams
mit prallem Trommelbauch
wie ein Luftballon in der Luft.

Es hatte alles aufgegessen,
was in der Luft schwebte.
Herr Taschenbier bekam
bei dem Anblick einen Lachanfall.

„Mach die Tür zu, Papa!", sagte es.
„Sonst werde ich noch weggeweht.
Warte, ich weiß was Besseres:
Ich wünsche,
dass ich wieder unten
auf dem Boden stehe."

Da stand es auch schon wieder
auf dem Boden.

„Hast du wenigstens
die Hamburger mitgebracht?",
fragte das Sams.

„Ja, hab ich. Sie warten im Flur.
Sollen sie reinkommen?",
fragte Herr Taschenbier.

„Reinkommen? Wie denn das?",
wunderte sich das Sams.
„Ich hab mir doch keine Hamburger
mit Beinen gewünscht."

„Das war nicht nötig.
Sie hatten vorher schon welche",
sagte Herr Taschenbier.
Er unterdrückte ein Lachen.

„Kommen Sie herein. Hier sehen Sie
das merkwürdige Wesen,
von dem ich Ihnen erzählt habe",
rief Herr Taschenbier.

Zwei Männer und eine Frau
kamen ins Zimmer.

„Tatsächlich! Er hat nicht übertrieben:
rote Stachelhaare
und eine Rüsselnase“,
sagte der eine Mann und staunte.
„Hast du so was
schon gesehen, Erna?“

„Wo sind denn meine Hamburger?“,
fragte das Sams.

„Na, hier sind wir doch!",
sagte der andere Mann.
„Wir sind alle drei
in Hamburg geboren."

Entgeistert schaute das Sams
die drei Hamburger an und sagte:
„Ich wünsche,
dass die drei dahin verschwinden,
wo sie hergekommen sind!"

Und mitten im Satz waren
alle wieder verschwunden.

Herr Taschenbier lachte.
Es war ihm gelungen,
das Sams zu überlisten.

„Weißt du, was wir jetzt machen?
Wir gehen in die Küche und
dort gibt es noch einmal Frühstück.
Eines, wie ich es mag.
Mit Vollkornbrot und Honig",
schlug Herr Taschenbier vor.

„Gute Idee, Papa!",
sagte das Sams.

„Ein zweites Frühstück
kann mein Magen
früh am Morgen
gut vertragen."

Willkommen in der LESESTARTER Rätselwelt

Hast du Lust auf noch mehr Lesespaß?

Dann findest du hier viele tolle Rätsel und spannende Spiele. Auf der nächsten Seite geht es schon los!

Wir wünschen dir viel Spaß!

Lösungen auf Seite 56–57

Kannst du die Bilder den richtigen Sätzen zuordnen?

☐ Und am Freitag bekam er frei.

☐ Dann begann es schon, zwölf Uhr zu schlagen.

☐ Dann war der Tag endlich gekommen.

☐ „Bist du verrückt geworden?", rief Herr Taschenbier.

44

Hier sind die Wörter durcheinandergeraten. Kannst du sie ordnen?

u h
s
c W
n

_ _ _ _ _ _ _

a s
m a
t g S

_ _ _ _ _ _ _

e g
S p
e i l

_ _ _ _ _ _ _

46

W	Ü	R	S	T	C	H	E	N	R
K	H	U	E	P	S	R	O	E	L
E	E	V	N	E	L	N	K	N	R
K	R	T	F	Q	P	N	E	W	U
U	I	N	L	S	G	K	T	Y	O
C	P	O	M	M	E	S	C	A	N
H	Ü	I	W	K	M	X	H	B	T
E	C	S	T	W	U	R	U	N	T
N	E	C	A	R	Q	I	P	O	R
N	W	H	P	T	M	N	X	L	S
M	E	M	F	E	L	Q	M	Q	A

Hier haben sich 5 Wörter versteckt. Findest du sie alle?

Gitter-Rätsel

LESESTARTER

Was steht denn hier? Löse die rätselhafte Geheimschrift!

A · I · R
B · J · S
C · K · T
D · L · U
E · M · V
F · N · W
G · O · X
H · P · Y
Q · Z

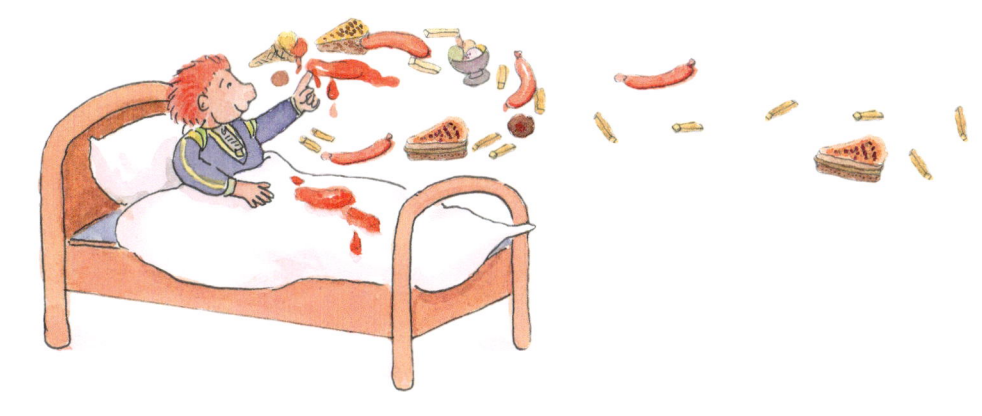

GEHEIM _____

_____

_____

_____

_____

Auf welchen Seiten findest du diese Ausschnitte?

1

GATSMAS

2

3

4

Zu welcher Uhrzeit müssen
das Sams und Herr Taschenbier
auf dem Dach sein?

Wie oft sagt Herr Taschenbier
„Gatsmas"?

Wie viele Stücke Apfelkuchen
wünscht sich das Sams?

**Findest du die
gesuchten Zahlen?**

Zahlen-Rätsel

Spiel für zwei!
Wer kann sich die meisten
Wünsche merken?

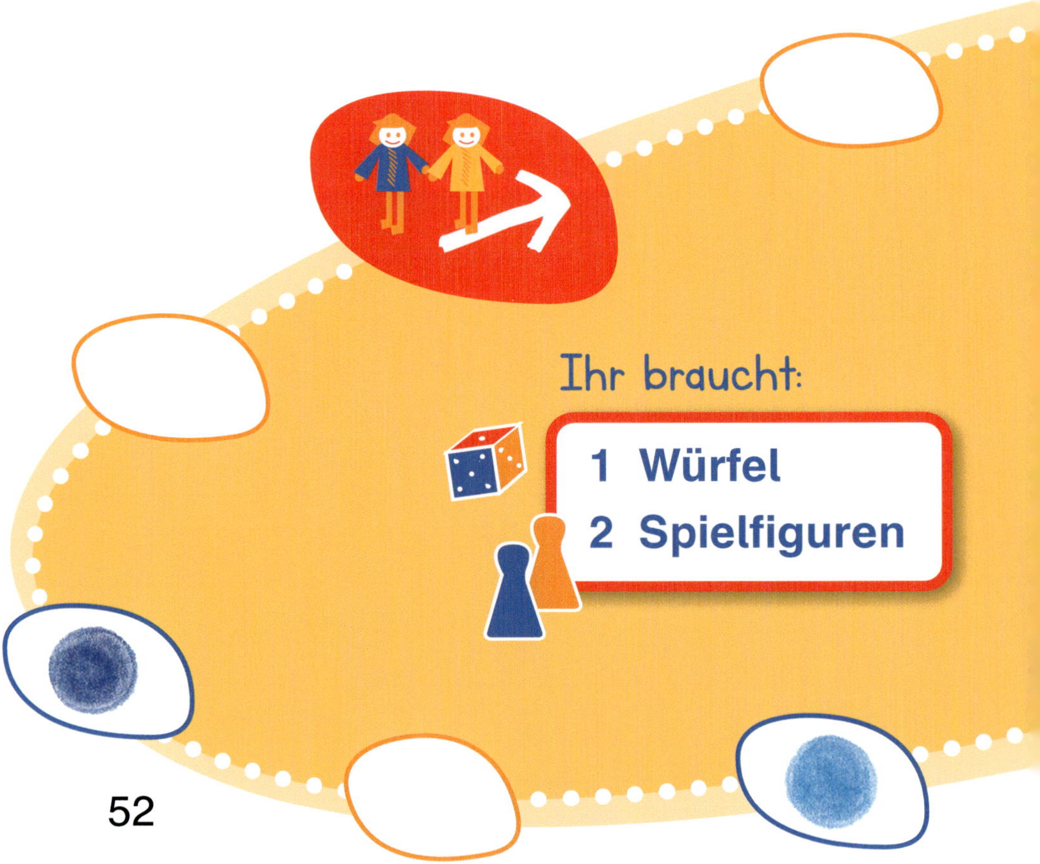

Ihr braucht:

1 Würfel
2 Spielfiguren

Würfelt abwechselnd!
Landest du auf einem BLAUEN PUNKT,
sage einen Wunsch: „Ich wünsche mir …"
Wer beim nächsten Mal auf einem blauen Punkt
landet, muss diesen Wunsch wiederholen und
einen neuen dazuerfinden. Wer den ersten
Fehler macht, hat verloren!

Welche Wörter verstecken sich hier? Finde das Lösungswort!

Am Mittwoch war

☐☐☐☐☐

der Woche.

Nun hatte Herr Taschenbier die

☐☐☐☐☐☐

im Gesicht.

„Warum juckt meine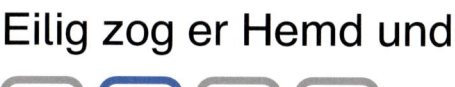

plötzlich so?", wunderte sich Herr Taschenbier.

Eilig zog er Hemd und

 an.

„Eins, zwei, drei, vier …", zählte das

LESESTARTER

Lösungen

**Alle Rätsel gelöst?
Hier findest du die
richtigen Antworten.**

Lösungswort: POMMES

Seite 54–55 · Wortsuche
Mitte, Punkte, Nase, Hose, Sams

Seite 51 · Zahlen-Rätsel
Um zwölf Uhr müssen das Sams und
Herr Taschenbier auf dem Dach sein.
Herr Taschenbier sagt drei Mal „Gatsmas".
Das Sams wünscht sich vier Stück Apfelkuchen.

Seite 50 · Spürnase
1 = Seite 13   3 = Seite 24
2 = Seite 9   4 = Seite 34

Seite 48–49 · Geheimschrift
Mond, Dach, Wort, Punkte

Seite 44–45 · Bildsalat

Und am Freitag bekam er frei. = Bild 4

Dann begann es schon,
zwölf Uhr zu schlagen. = Bild 2

Dann war der Tag endlich gekommen. = Bild 1

„Bist du verrückt geworden?",
rief Herr Taschenbier. = Bild 3

Seite 46 · Wortsalat

Wunsch
Samstag oder Gatsmas
Spiegel

Seite 47 · Gitter-Rätsel

W	Ü	R	S	T	C	H	E	N	R
K	H	U	E	P	S	R	O	E	L
E	E	V	N	E	L	N	K	N	R
K	R	T	F	Q	P	N	E	W	U
U	I	N	L	S	G	K	T	Y	O
C	P	O	M	M	E	S	C	A	N
H	Ü	I	W	K	M	X	H	B	T
E	C	S	T	W	U	R	U	N	T
N	E	C	A	R	Q	I	P	O	R
N	W	H	P	T	M	N	X	L	S
M	E	M	F	E	L	Q	M	Q	A

Auf www.dassams.de findest du zahlreiche weitere
Kinderbücher und Hörbücher vom Sams.

Überarbeitete Neuausgabe

4. Auflage

Die Geschichte ist ein dem Kinderbuch
„Neue Punkte für das Sams" entnommenes Kapitel,
das für Leseanfänger sprachlich überarbeitet
und neu illustriert wurde.
Titelbild und farbige Illustrationen von Paul Maar
Einband- und Reihengestaltung von Andrea Pieper
Reproduktion: Domino Medienservice, Lübeck
Druck und Bindung: Livonia Print SIA,
Jūrkalnes iela 15/25, LV-1046 Riga, Lettland
*Printed 2026/1
ISBN 978-3-7891-1397-0

www.dassams.de
www.oetinger.de